AF221066

Poesie der Sterne

Lieder über Licht und Leben

von Hans-Jürgen Sträter

Impressum:

Poesie der Sterne

Lieder über Licht und Leben

von Hans-Jürgen Sträter (Herausgeber)

Ausgabe: Januar 2021

Herstellung und Verlag: BoD - Books on Demand, Norderstedt

ISBN: 9783753405261

Bilder: Arthur J. Elser, Heilbronn – www.arthur-elser.de

wikimedia commons

Für unsere Kinder

Ode an die Sternen

Hans-Jürgen Sträter

Mir leuchten hell die Sterne,
ich sehe sie so gerne –
doch sehen kann das All sich nicht,
es braucht mein staunend Geisteslicht.

Herrlich scheinen die Sterne,
erreichen mich trotz Ferne –
doch Kinderaugen strahlen weiter,
bis tief ins Herz und machen heiter.

Meine geliebten Sterne,
Ihr Himmelslichter Kerne
könnt Energie versprühen –
Doch Ihr müsst einst verglühen...

Inhalt

Vorwort

„Je dunkler die Nacht, desto heller leuchten die Sterne!"

Wir alle sind „Kinder der Sterne", Erben der Himmelskörper, durch deren „Tod" (Supernova) die Atome entstanden sind, die Leben auf unserer Erde möglich machen.

Durch die Entdeckung der Gestirne wurde dem Menschen die Zeit geschenkt. Der Jäger wusste durch den Stand der Sonne, wann es die beste Zeit zum Jagen war. Der Bauer lernte durch das Wissen um die Jahreszeiten, Saat und Ernte zu optimieren.

Heute können unsere Wissenschaftler durch das Berechnen der Rotverschiebung des Sternenlichtes einen tiefen, also dreidimensionalen Blick in das Universum unternehmen. Dabei suchen sie intensiv den Ur-Sprung von dem Punkt, der weder Raum noch Zeit hatte...

Wir sollen auch „Kinder des Lichts" sein, rät der Apostel Paulus der christlichen Gemeinde. Und in der Bergpredigt sagt uns Jesus:

„Ihr seid das Licht der Welt. Es kann die Stadt, die auf einem Berge liegt, nicht verborgen sein. Man zündet auch nicht ein Licht an und setzt es unter einen Scheffel, sondern auf einen Leuchter; so leuchtet es denn allen, die im Hause sind. Also lasst euer Licht leuchten vor den Leuten, dass sie eure guten Werke sehen und euren Vater im Himmel preisen." (Matthäus 5, 14-16)

Möge die alte und neue „Poesie der Sterne" in diesem Sinn erfreuen!

Wiesmoor am 6. Januar 2021,

Der Herausgeber

Im Bilde?

Hans-Jürgen Sträter

Ein Bild zum besseren Verstehn

hab ich in einem Traum gesehn:

Das All schrumpfte zu einem Land,

die Milchstraße zur Handvoll Sand.

Die Sonne wurde ein Atom,

umkreist vom Erden-Elektron

Es hat berührt, was ich geschaut,

weil klein und groß das All gebaut.

Der Mensch wird so unendlich klein,

kommt er in dieses Bild hinein.

Doch dank ich freudig im Betrachten –

und lern des Schöpfers All-macht achten!

Wenn ich, o Schöpfer, deine Macht

Christian Fürchtegott Gellert (1715 - 1769)

Wenn ich, o Schöpfer, deine Macht,
die Weisheit deiner Wege,
die Liebe, die für alle wacht,
anbetend überlege,
so weiß ich, von Bewundrung voll,
nicht, wie ich dich erheben soll,
mein Gott, mein Herr und Vater.

Mein Auge sieht, wohin es blickt,
die Wunder deiner Werke;
der Himmel, prächtig ausgeschmückt,
preist dich, du Gott der Stärke.
Wer hat die Sonn an ihm erhöht?
Wer kleidet sie mit Majestät?
Wer ruft dem Heer der Sterne?

Wer misst dem Winde seinen Lauf?
Wer heißt die Himmel regnen?
Wer schließt den Schoß der Erde auf,
mit Vorrat uns zu segnen?
O Gott der Macht und Herrlichkeit,
Gott, deine Güte reicht so weit,
so weit die Wolken reichen.

Dich predigt Sonnenschein und Sturm
dich preist der Sand am Meere.
Bringt, ruft auch der geringste Wurm,
bringt meinem Schöpfer Ehre!
Mich, ruft der Baum in seiner Pracht,
mich, ruft die Saat, hat Gott gemacht;
bringt unserm Schöpfer Ehre!

Der Mensch, ein Leib, den deine Hand
so wunderbar bereitet,
der Mensch, ein Geist, den sein Verstand
dich zu erkennen leitet:
der Mensch, der Schöpfung Ruhm und Preis,
ist sich ein täglicher Beweis
von deiner Güt und Größe.

Erheb ihn ewig, o mein Geist,
erhebe seinen Namen;
Gott unser Vater sei gepreist,
und alle Welt sag Amen,
und alle Welt fürcht ihren Herrn
und hoff auf ihn und dien ihm gern.
Wer wollte Gott nicht dienen?

Leuchtfarbenfröhlich

Hans-Jürgen Sträter

Durch die Stille

des unendlichen Raumes

glüht einsam die Goldene.

Der Blaue umkreist sie liebevoll

in Milliarden Jahren und Herzen.

Wunderweise weben wir weiter;

denn fröhlich leuchten uns die Farben

der Edelsteine, die Sterne...

Wenn der Heiland als König erscheint

Ernst Heinrich Gebhardt (1832 - 1899)

Wenn der Heiland, wenn der Heiland als König erscheint,
und die Seinen als Erlöste im Himmel vereint:
O dann werden sie glänzen, wie die Sterne so rein,
in des Heilandes Krone als Edelgestein!

Er wird sammeln, Er wird sammeln zur heiligen Schar
all die Seelen, die im Blute sich wuschen recht klar.
O dann werden sie glänzen, wie die Sterne so rein,
in des Heilandes Krone als Edelgestein!

Und die Kindlein, und die Kindlein zieht er an die Brust,
die Ihm kindlich ihre Herzen hier schenkten voll Lust.
O dann werden sie glänzen, wie die Sterne so rein,
in des Heilandes Krone als Edelgestein!

Drum, ihr Großen und ihr Kleinen, gebt Jesu das Herz!
Er macht selig, Er macht herrlich, Er führt himmelwärts!
O dann werden sie glänzen, wie die Sterne so rein,
in des Heilandes Krone als Edelgestein!

Sternenliebe

Hans-Jürgen Sträter

Wieviel Sterne mussten sterben

für Dein Leben?

Doch Du kannst, was Du ererbt hast,

weitergeben:

Lass Deiner Liebe Licht

nach Frieden streben!

Stern, auf den ich schaue
nach Adolf Krummacher (1824 – 1884)

Stern, auf den ich schaue,
Fels, auf dem ich steh,
Vorbild, dem ich traue,
Stab, an dem ich geh,
Brot, von dem ich lebe,
Quell, an dem ich ruh,
Ziel, das ich erstrebe,
alles, Herr bist du!

Ohne dich, wo käme
Kraft und Mut mir her?
Ohne dich, wer nähme
meine Lasten, wer?
Ohne dich zerstieben
würden mir im Nu.
Glauben, Hoffen, Lieben
alles, Herr, bist du!

Will mich aufwärts schwingen
zu dem Himmel hin,
bis die Glocken klingen
und daheim ich bin,
neue Lieder singen
in der ewgen Ruh:
Nichts hab ich zu bringen,
alles, Herr, bleibst du!

Morgenstern der Herrlichkeit

Hans-Jürgen Sträter

Morgenstern der Herrlichkeit
scheine tief in unsre Herzen!
Mach uns Mut, damit auch heut
leuchten hell des Glaubens Kerzen,
damit jeder, der dich nennt,
gern bekennt.

Morgenstern der Gnadenzeit
scheine mild in unsre Herzen,
mach uns froh, dass weit und breit
leuchten hell der Liebe Kerzen,
wie ein wärmend Winterlicht,
still und schlicht.

Morgenstern der Ewigkeit
scheine weit in unsre Herzen,
mach es licht, dass in die Zeit
leuchten hell der Hoffnung Kerzen
in die dunkle Erdennacht,
auf der Wacht.

Gleich wie die schimmernden Sterne verblassen

Horatius Bonar (1808 - 1889)

Gleich wie die schimmernden Sterne verblassen,
strahlet der leuchtende Morgen sie an,
wirst du die Welt und ihr Tagwerk verlassen.
Eines besteht: was du liebend getan!

Wo du im Lenze gepflanzt und gesäet,
wirst du gewisslich die Ernte empfahn.
Schnell sind die Spuren des Sämanns verweht,
eines besteht: was du liebend getan.

Hast du für Gott und die Wahrheit gestrebet,
wacker gekämpft wider Sünde und Wahn,
wirst du vergessen, doch eines bestehet,
reifet zur Frucht, was du liebend getan.

Himmlische Gaben – wer kann sie ermessen? -
werden die Treuen vom Herrn dann empfahn.
Keinem der Seinen wird Jesus vergessen,
was er im Leben hat liebend getan!

Himmel und Erde

Hans-Jürgen Sträter

Alles, was ich unten sehe,
Erde, Steine in der Nähe,
pack ich an und mach daraus
fruchtbar Feld und volles Haus.

Aber oben in der Ferne
schaun wir Himmel und die Sterne,
da wird Herz und Seele weit.
Mancher Mensch dann staunend denkt:
„Raum und Zeit sind uns geschenkt…"

Der Mond ist aufgegangen

Matthias Claudius (1740 - 1815)

Der Mond ist aufgegangen,
Die goldnen Sternlein prangen
Am Himmel hell und klar.
Der Wald steht schwarz und schweiget,
Und aus den Wiesen steiget
Der weiße Nebel wunderbar.

Wie ist die Welt so stille,
Und in der Dämmrung Hülle
So traulich und so hold!
Als eine stille Kammer,
Wo ihr des Tages Jammer
Verschlafen und vergessen sollt.

Seht ihr den Mond dort stehen? –
Er ist nur halb zu sehen,
Und ist doch rund und schön!
So sind wohl manche Sachen,
Die wir getrost belachen,
Weil unsre Augen sie nicht sehn.

Wir stolze Menschenkinder
Sind eitel arme Sünder,
Und wissen gar nicht viel.
Wir spinnen Luftgespinnste
Und suchen viele Künste,
Und kommen weiter von dem Ziel.

Gott, lass uns dein Heil schauen,
Auf nichts Vergänglichs trauen,
Nicht Eitelkeit uns freun!
Lass uns einfältig werden,
Und vor dir hier auf Erden
Wie Kinder fromm und fröhlich seyn!

Wollst endlich sonder Grämen
Aus dieser Welt uns nehmen
Durch einen sanften Tod!
Und, wenn du uns genommen,
Lass uns im Himmel kommen,
Du unser Herr und unser Gott!

So legt euch denn, ihr Brüder,
In Gottes Namen nieder;
Kalt ist der Abendhauch.
Verschon' uns, Gott! mit Strafen,
Und lass uns ruhig schlafen!
Und unsern kranken Nachbar auch!

Mondscheinsonate (von Arthur J. Elser)

Wie ein Jakob

Hans-Jürgen Sträter

So wie ein Jakob möcht ich sein

und ruhen aus auf einen Stein

und sehen auf den Morgenstern

und hätt die Himmelsleiter gern!

Mond- und Sonnenschein

Hans-Jürgen Sträter

Der Mond ist für die Nacht,

die Sonne uns erwacht.

Sie drängt und dring

und zwängt und zwingt,

gibt gern gutes Gelingen,

so lasst uns freudig singen:

„Wir sind und bleiben sein,

bei Mond- und Sonnenschein!“

Einen goldnen Wanderstab

Johann Baptist Berger (1806 - 1888)

Einen goldnen Wanderstab
Ich in meinen Händen hab.
Aus dem Himmel ist er her,
Nach dem Himmel zeiget er.
Dieser Stab, er ist mein Glaube.
Stark und mächtig stützt er mich,
Trennt auch Leib und Seele sich,
Auf ihn trau und baue ich.

Und ein Engel, freundlich mild,
Meines Gottes Ebenbild,
Wohnt in meiner Seele still,
Lenket mich wie Gott es will.
Dieser Engel ist die Liebe.
Alle Menschen macht sie reich,
Alle Brüder, alle gleich,
Führt sie all' zu Gottes Reich.

Und am Himmel hell und rein
Steht ein Sternlein, das ist mein,
Winkt und lächelt mir mit Lust,
Füllt mit Wonne meine Brust.
Dieses Sternlein ist die Hoffnung.
Durch der Gräber Nacht und Grau'n
Führt es die, die ihm vertraun,
Zu des Himmels sel'gen Au'n.

„Das apokalyptische Weib" von Peter Paul Rubens aus wikimedia commons

Lied der Sternenfrau

Hans-Jürgen Sträter

Sternenfrau, Bild der Gemeinde,
bleib Gott getreu, trotz aller Feinde,
denn Jesus hat sie schon besiegt.
Sterngekrönt, sonnenbekleidet,
der Mond die Füße dir bescheinet,
damit du leuchtest in die Welt.
Freu dich der Herrlichkeit,
sie bleibt in Ewigkeit.
Halleluja!
Mach dich bereit zu der Hochzeit,
du musst ihm nur entgegen gehn!

Sternenfrau, gequält von Schmerzen
der Wehen unter deinem Herzen:
denn bald gebierst du einen Sohn.
Satan möchte den verschlingen,
doch Michael kann ihn bezwingen –
das Kind entrückt zu Gottes Thron.
Freu dich der Herrlichkeit,
sie bleibt in Ewigkeit.
Halleluja!
Mach dich bereit zu der Hochzeit,
du wirst ihm bald entgegen gehn!

Sternenfrau, Gott wird bewahren
dich mit Hilfe der Engelscharen
durch Flügel an den sichren Ort.
Und die Zeit im Wüstenstaube
erbringt, dass größer wird dein Glaube,
dann kommst auch du zum Hochzeitsmahl.
Freu dich der Herrlichkeit,
sie bleibt in Ewigkeit.
Halleluja!
Du bist bereit zu der Hochzeit
und kannst ihm nun entgegen gehn!

Zaget nicht, wenn Dunkelheiten

Johann Wilhelm Reche (1764-1835)

Zaget nicht, wenn Dunkelheiten
auf des Lebens Pfade ruhn!
Gott ist gut, er wird euch leiten;
ihm ist's Freude, wohlzutun!
Sind seine Gedanken nicht eure Gedanken,
lasst dennoch, o Christen, den Glauben nicht wanken:
dass er, der des Wurmes im Staube gedenkt,
auch sorgsam und freundlich durchs Dasein euch lenkt!

Alles Dunkel dieses Lebens
glänzt vor Gott wie Sonnenlicht,
wir durchforschen's oft vergebens;
seinen Blick beschränkt es nicht!
Er kennet das Große, das Kleine, das Ferne,
die Tränen der Armen, die Scharen der Sterne.
Mit mächtiger Liebe verfolgt er den Plan,
den seine unendliche Weisheit ersann.

Von Erstaunen hingerissen
sinnt der frohe Seraph nach;
alles kann er doch nicht wissen,
ewig fühlt er sich noch schwach.
Was murren wir Menschen von stumpfem Verstande?
Wir sind ja nur Wandrer im schattigen Lande!
Nur Demut erhebet den ängstlichen Sinn;
sie wirft in die Arme des Vaters uns hin.

27

Komm, erkenne dich, o Seele,
fühle, wie so schwach du bist!
Blicke still zu Gott, und wähle,
was von ihm verordnet ist!
Der Trübsal entströmen geheiligte Freuden,
und Scheinglück ist oft nur die Quelle der Leiden.
Bedenk es, und jauchze, dass Gott dich regiert!
Sei folgsam, auch wenn er durch Dornen dich führt!

Nicht das sinnliche Vergnügen
wird von Christen hoch geehrt;
Schätze nur, die nimmer trügen,
sind des heißen Strebens wert.
Hinweg denn, ihr bangen, entehrenden Sorgen!
In sich trägt der Christ seine Schätze verborgen;
hier tilgt sie kein Unfall, kein tobender Schmerz;
auch traurige Stunden bereichern das Herz.

Dulden wir auch manche Plage:
der Allweise wägt sie ab.
Er durchschauet unsre Tage
von der Wiege bis zum Grab.
Was jetzt uns betrübet, soll einst uns entzücken;
o selige Hoffnung, wie kannst du erquicken!
Nun ängsten die künftigen Tage uns nicht;
der Ewige spricht, und das Dunkel wird Licht.

Hebe dich empor vom Staube,
fasse Mut, verzagter Geist!
Siegen, siegen wird der Glaube,
der den Herrn im Leiden preist.
O lass dich die Schatten der Erde nicht kümmern:
schon sieht ja dein Glaube die Herrlichkeit schimmern,
die jenseits der Sterne dir Jesus enthüllt;
da rufst du einst jauchzend: mein Wunsch ist erfüllt!

Meine Sterne

Hans-Jürgen Sträter

Meine Sterne,

Himmelskerne,

hab ich gerne

trotz der Ferne

Auf sie schauen

schafft Vertrauen,

Brückenbauen

und Eis tauen.

Licht und Leben,

Mut sie geben,

dass wir streben

Gott entgegen.

Brich herein, Sternenschein

nach Marie Schmalenbach (1835-1924)

Brich herein, Sternenschein
selger Ewigkeit!
Leuchte hell in unser Leben,
unsern Füßen Kraft zu geben,
unsrer Seele Freud,
unsrer Seele Freud.

Hier ist Müh morgens früh
und des Abends spät,
Angst, davon die Augen sprechen,
Not, davon die Herzen brechen;
kalter Wind oft weht,
kalter Wind oft weht.

Jesus Christ, du nur bist
unsrer Hoffnung Licht.
Stell uns vor und lass uns schauen
jene immer grünen Auen,
die dein Wort verspricht,
die dein Wort verspricht.

Ewigkeit, in die Zeit
leuchte hell herein,
dass uns werde klein das Kleine
und das Große groß erscheine,
selge Ewigkeit,
selge Ewigkeit.

Forschergeist

Hans-Jürgen Sträter

Erforsche das Werden der Sterne,

den Anfang des Seins in der Ferne,

schau aber auch auf das Feine,

erkenne: du bist nicht alleine!

Die Himmel rühmen

Christian Fürchtegott Gellert (1715-1769)

Die Himmel rühmen des Ewigen Ehre,
Ihr Schall pflanzt seinen Namen fort.
Ihn rühmt der Erdkreis, ihn preisen die Meere,
Vernimm, o Mensch, ihr göttlich Wort.

Wer trägt der Himmel unzählbare Sterne?
Wer führt die Sonn' aus ihrem Zelt?
Sie kommt und leuchtet und lacht uns von ferne,
Und läuft den Weg gleich wie ein Held.

Vernimm's, und siehe die Wunder der Werke.
Die die Natur dir aufgestellt!
Verkündigt Weisheit und Ordnung und Stärke
Dir nicht den Herrn, den Herrn der Welt?

Kannst du der Wesen unzählbare Heere,
Den kleinsten Staub fühllos beschaun?
Durch wen ist alles? O gib ihm die Ehre!
Mir, ruft der Herr, sollst du vertraun.

Mein ist die Kraft, mein ist Himmel und Erde;
An meinen Werken kennst du mich.
Ich bin's, und werde sein, der ich sein werde,
Dein Gott und Vater ewiglich.

Ich bin dein Schöpfer, bin Weisheit und Güte,
Ein Gott der Ordnung und dein Heil;
Ich bin's! Mich liebe von ganzem Gemüte,
Und nimm an meiner Gnade teil.

Sternenweise

Hans-Jürgen Sträter

So wie ein Stern am Himmel

möcht meine Bahn ich ziehn –

ganz hell und leise.

Wer taucht in die Wolken ein,

der wird ganz schnell verglühn –

nach kurzer Reise.

Drum bleib auf Gottes Wegen,

um ewig zu bestehn –

in froher Weise!

Wachet auf; ruft uns die Stimme

Philip Nicolai (1556 - 1608)

Wachet auf; ruft uns die Stimme
der Wächter sehr hoch auf der Zinne,
wach auf, du Stadt Jerusalem!
Mitternacht heißt diese Stunde;
sie rufen uns mit hellem Munde:
Wo seid ihr klugen Jungfrauen?
Wohlauf, der Bräut'gam kommt!
Steht auf, die Lampen nehmt!
Halleluja! Macht euch bereit
zu der Hochzeit;
ihr müsset ihm entgegengehn!

Zion hört die Wächter singen;
das Herz tut ihr vor Freude springen;
sie wachet und steht eilend auf.
Ihr Freund kommt vom Himmel prächtig,
von Gnaden stark, von Wahrheit mächtig;
ihr Licht wird hell, ihr Stern geht auf.
Nun komm, du werte Kron,
Herr Jesus, Gottes Sohn!
Hosianna!
Wir folgen all zum Freudensaal
und halten mit das Abendmahl!

Gloria sei dir gesungen
mit Menschen und mit Engelzungen,
mit Harfen und mit Zimbeln schön.
Von zwölf Perlen sind die Tore
an deiner Stadt, wir stehn im Chore
der Engel hoch um deinen Thron.
Kein Aug hat je gespürt,
kein Ohr hat mehr gehört
solche Freude.
Des jauchzen wir und singen dir
das Halleluja für und für.

Himmelstor (von Arthur J. Elser)

Sternenlicht

Hans-Jürgen Sträter

Sternenlicht, Sternenlicht,

Freunde, überseht es nicht!

Dunkelheit die Welt umringet,

darum liebt die klare Sicht!

Helligkeit die Nacht durchdringet,

Wertvolles bekommt Gewicht!

Sternenlicht, Sternenlicht!

Ein Gärtner geht im Garten

nach Max von Schenkendorf (1783-1817)

Ein Gärtner geht im Garten,
Wo tausend Blumen blühn,
Und alle treu zu warten,
Ist einzig sein Bemühn.

Der gönnt er sanften Regen,
Und jener Sonnenschein:
Das nenn' ich treues Pflegen,
Da müssen sie gedeihn.

In liebenden Gedanken
Sieht man sie fröhlich blühn,
Sie möchten mit den Ranken
Den Gärtner ganz umziehn.

Und wann ihr Tag gekommen,
Legt er sie an sein Herz,
Und liebend aufgenommen
Geht es dann himmelwärts;

Zu seinem Paradiese,
Zu einer schönen Welt,
Die nimmermehr, wie diese,
In Staub und Asche fällt.

Hier muss das Herz verglühen,
Das Weizenkorn verdirbt;
Dort oben gibt's ein Blühen,
Das niemals mehr erstirbt.

Du Gärtner, treu und milde,
O lass uns froh und rein
Im himmlischen Gefilde,
bei dir ewig gedeihn!

Der Heiland blickt zum Garten

Hans-Jürgen Sträter

Der Heiland blickt zum Garten
und seht, wie er sich freut,
wenn sich bei seinen zarten
Blümlein ein neues zeigt.

Der Heiland blickt zum Himmel
auf seine Sterne klein,
er liebt fröhliches Gewimmel –
lädt auch dich dazu ein!

Wenn Friede mit Gott

Theodor Kübler (1832-1905)

Wenn Friede mit Gott meine Seele durchdringt,
ob Stürme auch drohen von fern,
mein Herze im Glauben doch allezeit singt:
"Mir ist wohl, mir ist wohl in dem Herrn".

Wenn Satan mir nachstellt und bange mir macht,
so leuchtet dies Wort mir als Stern:
Mein Jesus hat für mich das Opfer gebracht;
ich bin rein durch das Blut meines Herrn.

Die Last meiner Sünde trägt Jesus, das Lamm,
und warf sie weit weg in die Fern;
er starb ja für mich auch am blutigen Stamm:
Meine Seele lobsinget dem Herrn.

Nun leb ich in Christo für Christum allein,
sein Wort ist mein leitender Stern.
In ihm hab ich Fried und Erlösung von Pein,
meine Seele ist selig im Herrn.

Ode an Einstein

Hans-Jürgen Sträter

Wie relativ ist unser Raum,
ist er unendlich oder Traum?
Da gibt es Massen und auch nicht —
im Grenzbereich pulsiert das Licht.

Wie relativ ist unsre Zeit,
führt sie in alle Ewigkeit?
Wann können Uhren rückwärts gehen,
wo kann man unsre Kindheit sehen?

Wie relativ ist denn das Licht,
warum hat's Photon kein Gewicht?
Und warum ist so rasend schnelle
die unerklärbar Teilchenwelle?

Wie relativ schwarz ist das Loch,
ist es ein Galaxienkoch,
wo Staub und Sterne einst vergehen,
um neu im Jetstrom zu entstehen?

Wie relativ ist unser Wissen,
so dass wir immer fragen müssen?
Ja, unser Denken ist beschränkt;
der Schädel das Gehirn einengt.

Wie relativ ist dies Gedicht,
ist es zu einfach oder schlicht?
Es möge heute allen sagen,
dass wichtig ist, Neues zu wagen.

Noch relativ ist unsre Nacht,
doch hab ich auf dein Erbe acht:
Albert, ich setz dein Forschen fort,
mit Augen, Ohren, Geist und Wort!

Weißt du, wieviel Sternlein stehen?

Wilhelm Hey (1789 - 1854)

Weißt du, wie viel Sterne stehen
An dem blauen Himmelszelt?
Weißt du, wie viel Wolken gehen
Weithin über alle Welt?
Gott der Herr hat sie gezählet,
Dass ihm auch nicht eines fehlet,
An der ganzen großen Zahl.

Weißt du, wie viel Mücklein spielen
In der hellen Sonnenglut?
Wie viel Fischlein auch sich kühlen
In der hellen Wasserflut?
Gott der Herr rief sie mit Namen,
Dass sie all' ins Leben kamen,
Dass sie nun so fröhlich sind.

Weißt du, wie viel Kinder frühe
Stehn aus ihren Bettlein auf,
Dass sie ohne Sorg' und Mühe
Fröhlich sind im Tageslauf?
Gott im Himmel hat an allen
Seine Lust, sein Wohlgefallen,
Kennt auch dich und hat dich lieb.

Zum Herausgeber

Hans-Jürgen Sträter wurde 1953 in Witten/Ruhr geboren und hat sich seit seiner Schulzeit mit dem Schreiben von Gedichten beschäftigt. 1989 gewann er einen Lyrikwettbewerb mit Kindergedichten. Der Preis war: 3 Wochen Urlaub in Schweden.

1996 zog er mit der Familie dann nach Wiesmoor. Ein Freund bat ihn 2007, mit den schwedischen Versen ein Buch zu erstellen — so entstand der Adlerstein Verlag.

Inzwischen sind hier über 100 Bücher entstanden, vorwiegend mit christlichen Texten.

Lebensbuch (von Arthur J. Elser)

Sternenstaub

Hans-Jürgen Sträter

Was erst groß war, nun ganz klein,

kann der Sternenstaub nur sein.

Mancher Star in dieser Welt

wird, was bald das Grab enthält.

Wer auf ewig möchte bleiben,

lässt ins Lebensbuch sich schreiben.

Hans-Jürgen Sträter

Poesie der Stille
Besinnliche Verse zum Innehalten

Poesie der Stille, 52 Seite, € 6,99, ISBN: 9783750419575

Hans-Jürgen Sträter

Poesie der Liebe

Lobpreis auf das Evangelium Jesu Christi

Poesie der Liebe, 60 Seiten, € 7,99, ISBN: 9783750438095

"Lieber Joseph!"
"Lieber Siegfried!"

Freundschaftliches Gespräch
zwischen zwei Planeten

Das Buch ist z.Z. noch nicht im Buchhandel erhältlich